A. Guggenberger

Möbel-Zeichnungen in verschiedenen Stilen

A. Guggenberger

Möbel-Zeichnungen in verschiedenen Stilen

ISBN/EAN: 9783743450172

Hergestellt in Europa, USA, Kanada, Australien, Japan

Cover: Foto ©Thomas Meinert / pixelio.de

Manufactured and distributed by brebook publishing software (www.brebook.com)

A. Guggenberger

Möbel-Zeichnungen in verschiedenen Stilen

MEUBEL-ZEICHNUNGEN

in

verschiedenen Stylen.

Entworfen

von

Ad. Guggenberger,
Architekt.

I. Moderner Styl.
II. Gartenmöbel.
III. Gothischer Styl.

IV. Renaissance-Styl.
V. Römischer Styl.
VI. Byzantinischer Styl.

Heft.

München.
Verlag und Eigenthum von Max Ravizza.

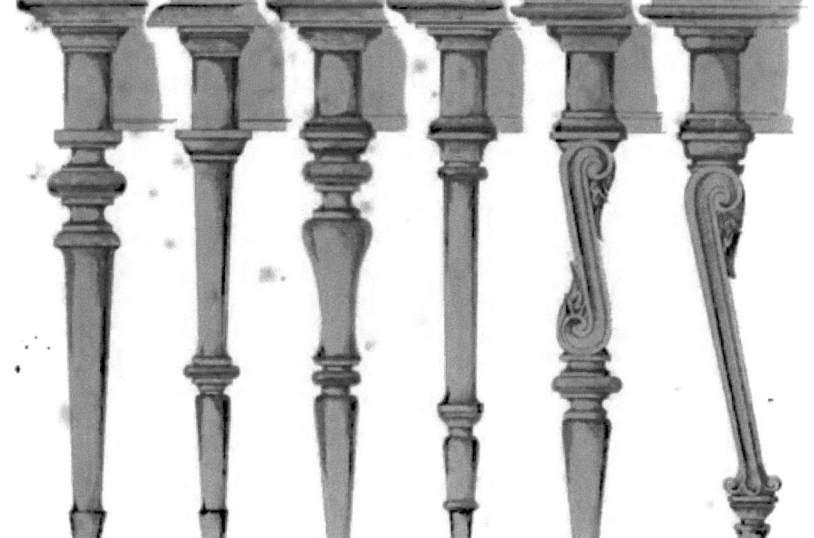

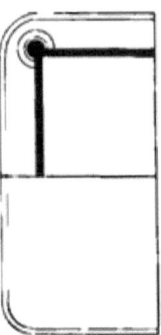
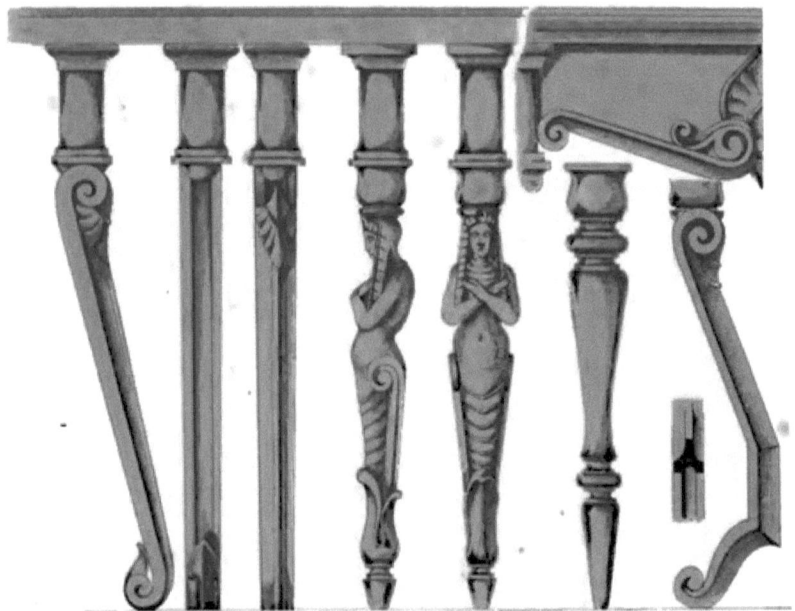

Heft 1. Meubelzeichnungen Blatt 4.

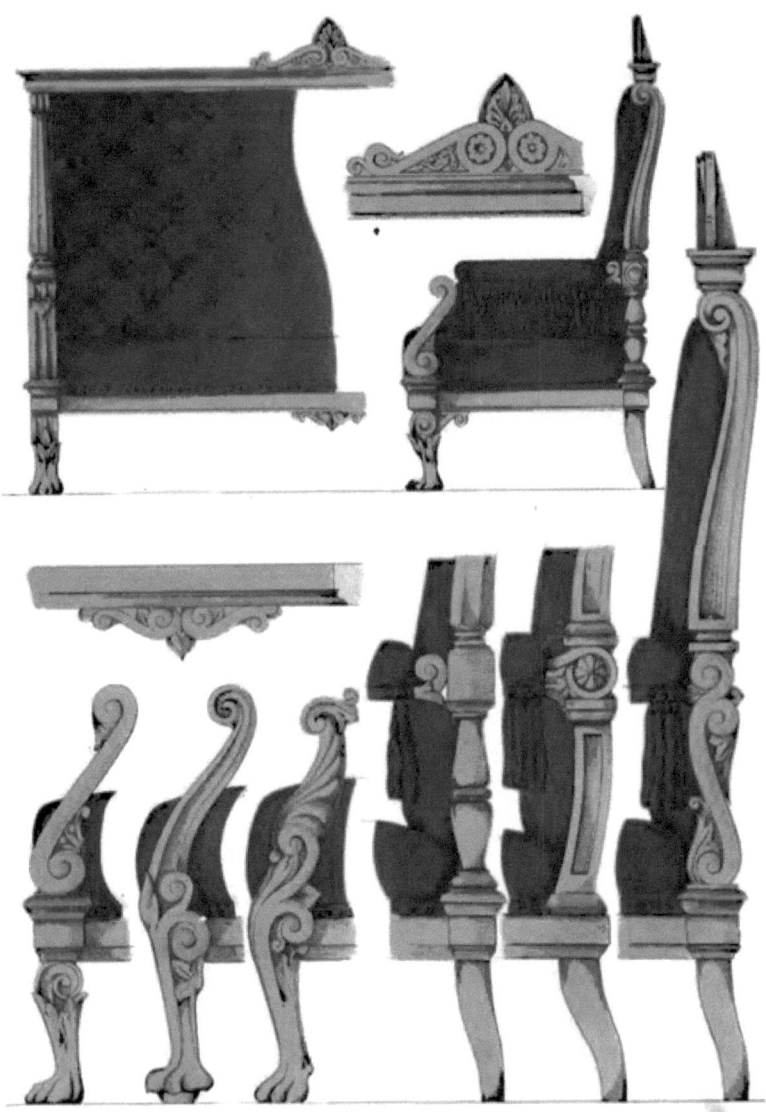

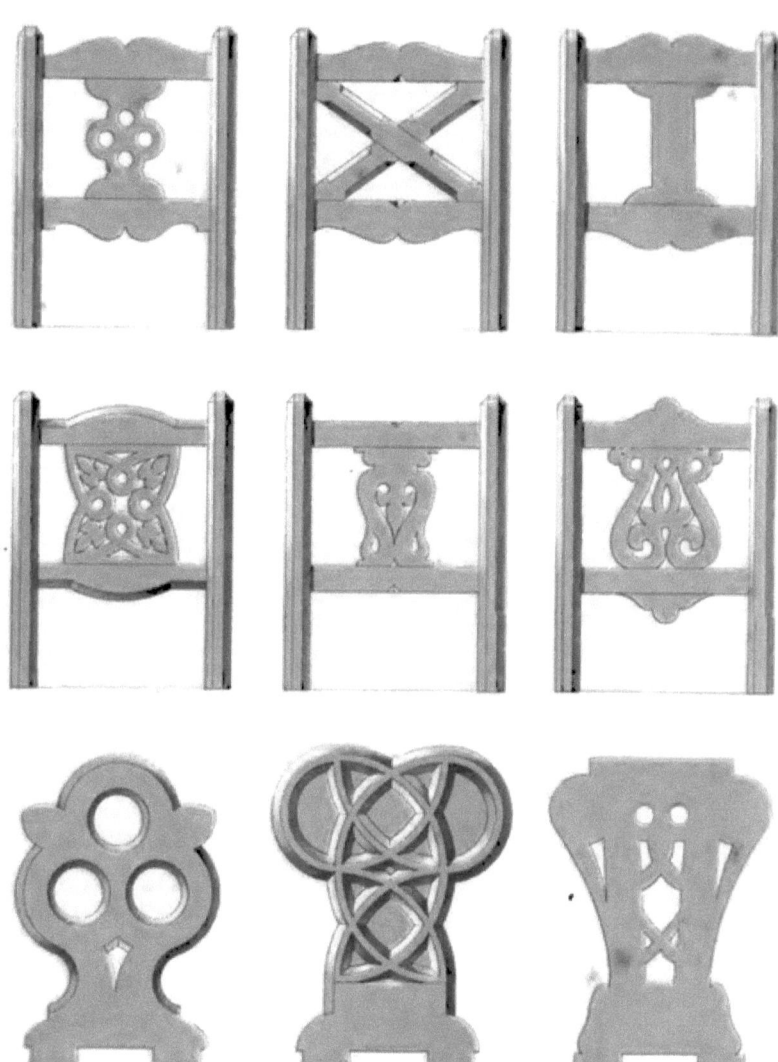

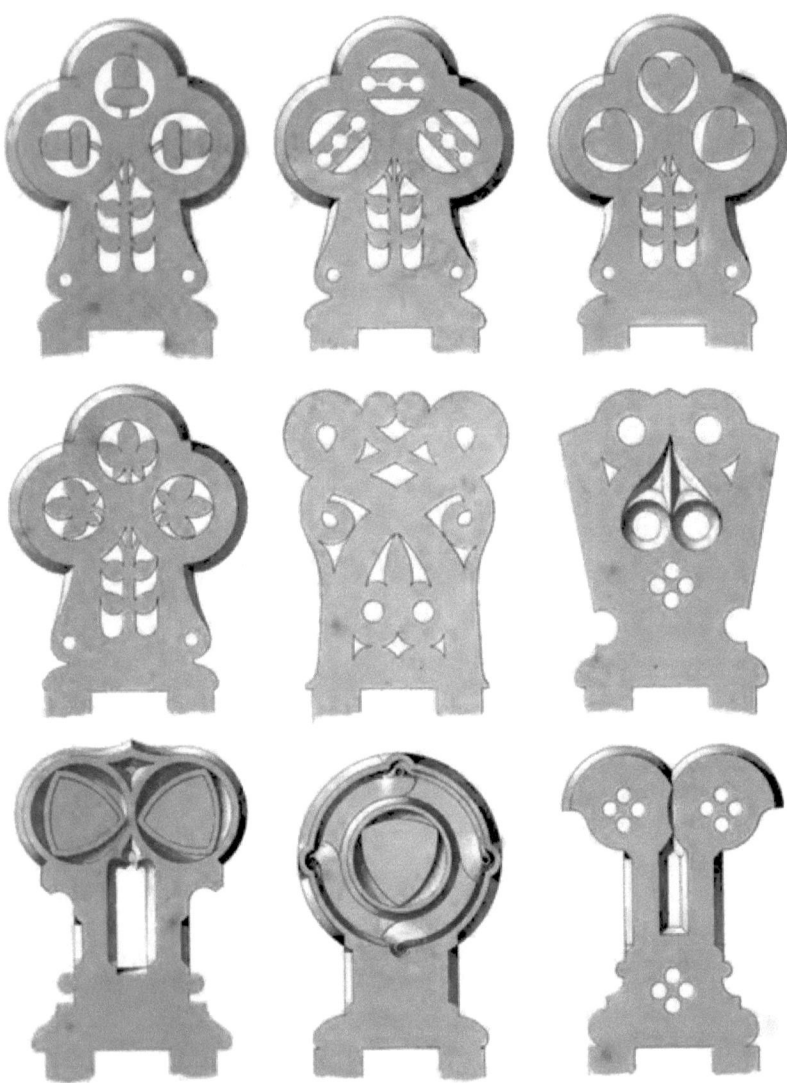

Meubelzeichnungen.

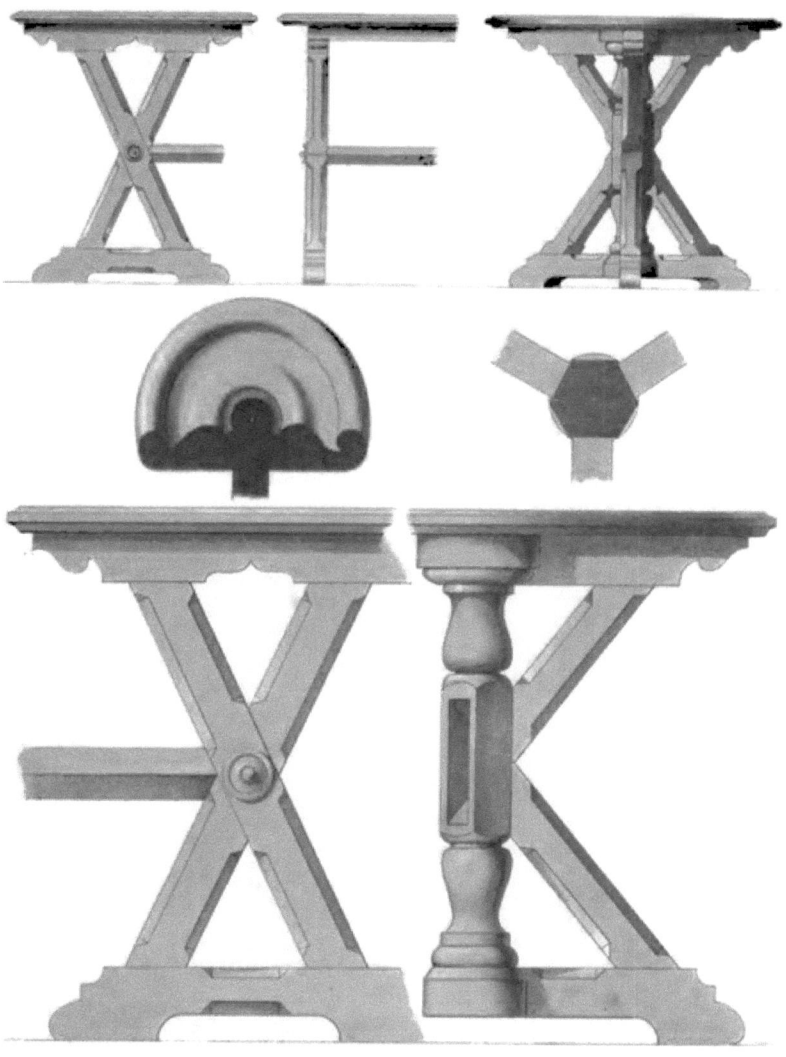

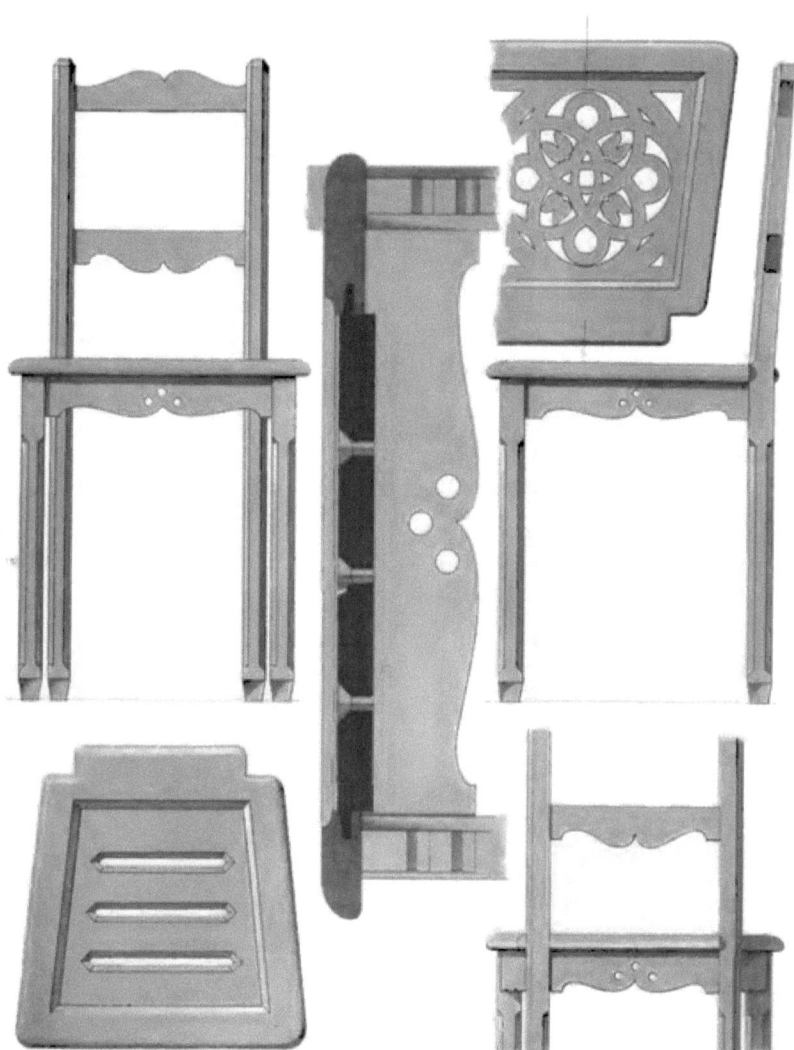

Meubelzeichnungen.

Meubelzeichnungen.

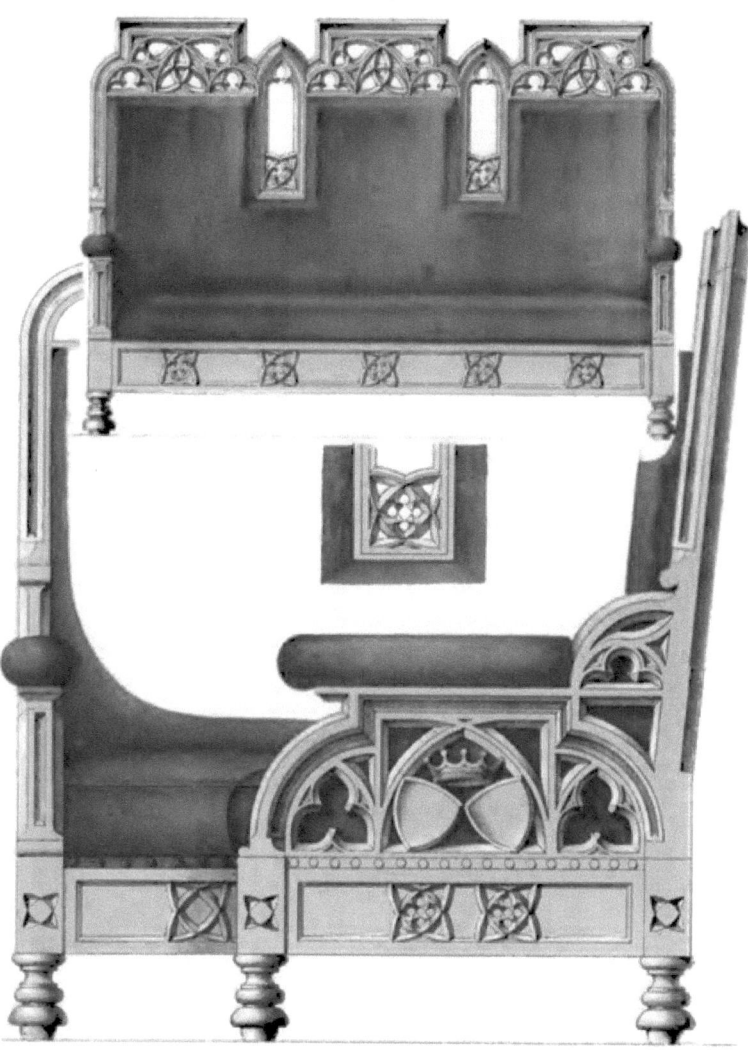

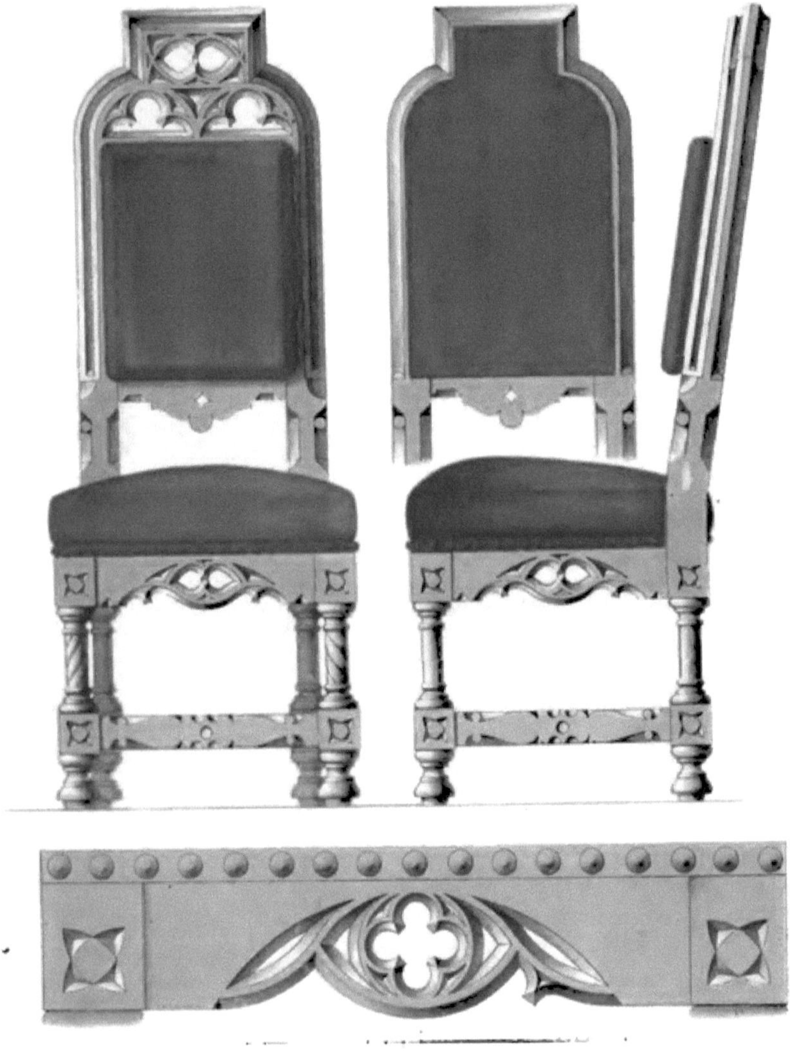

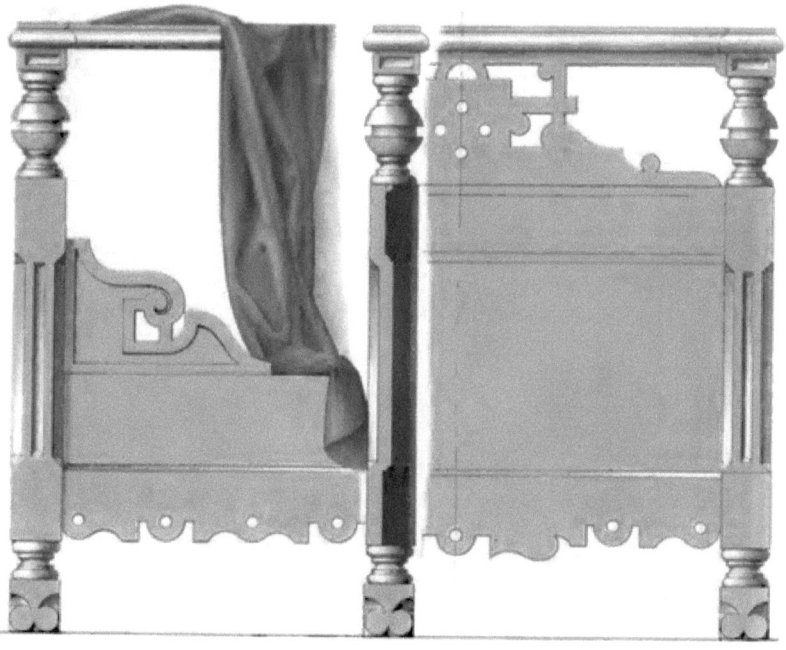

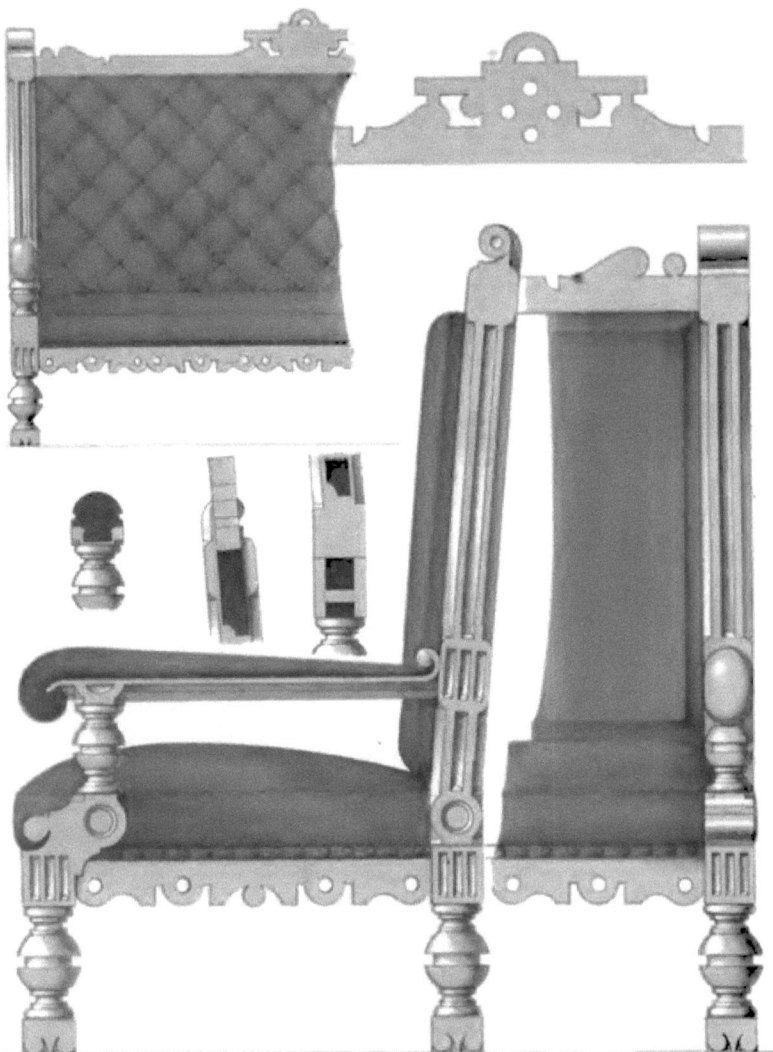

Heft V. Meubelzeichnungen. Blatt 3.

Meubelzeichnungen.

Meubelzeichnungen

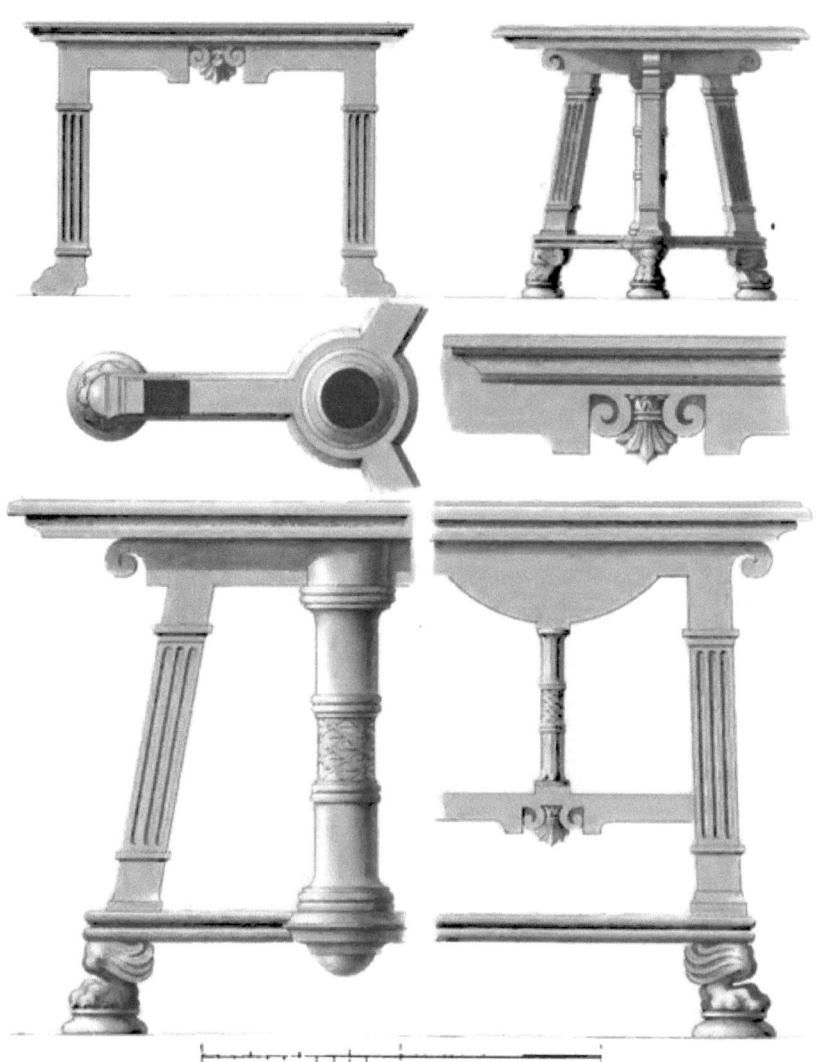

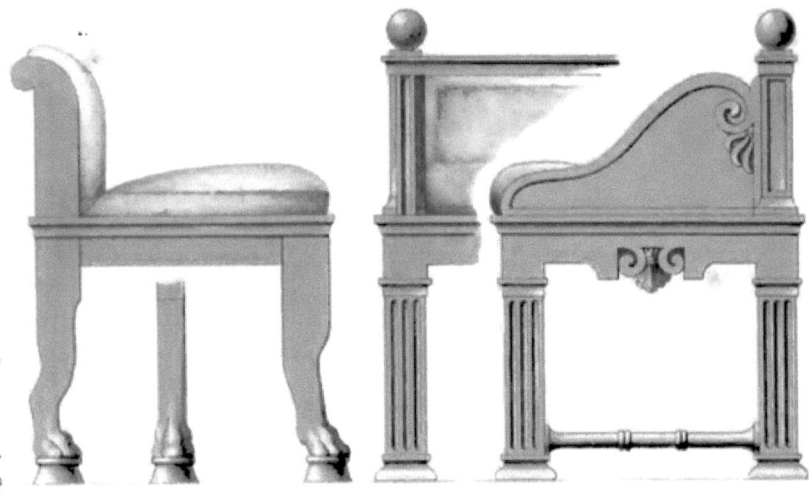

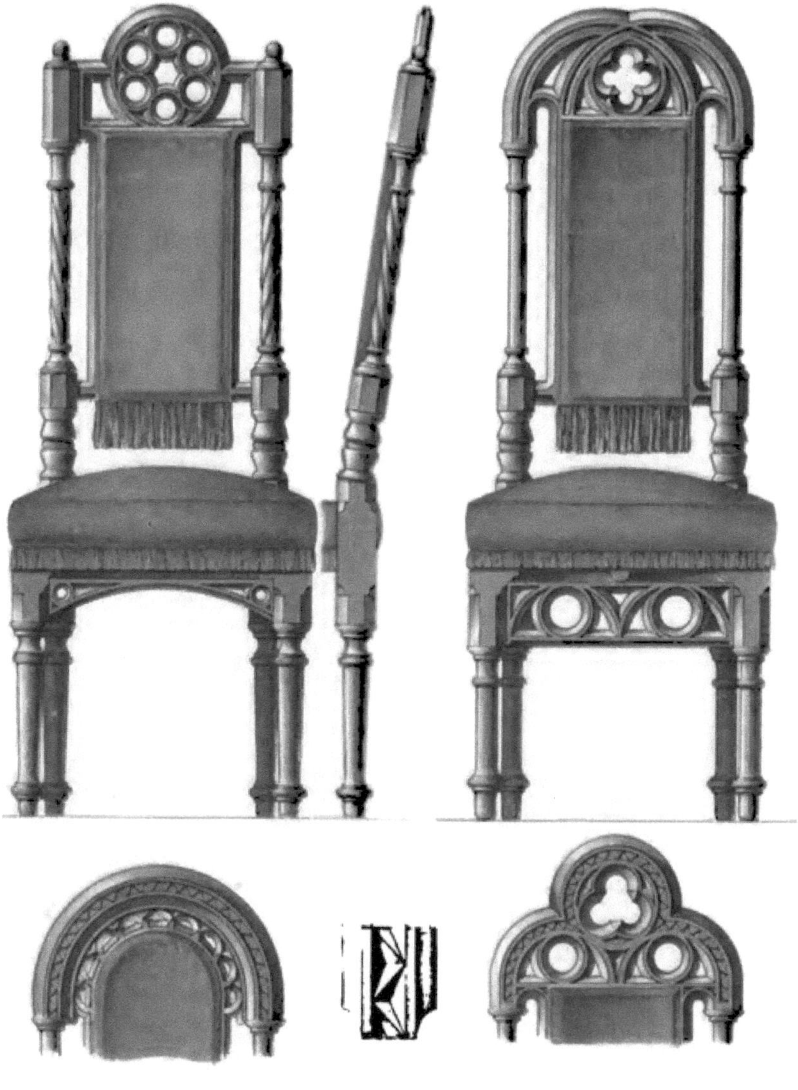

Heft II.   Meubelzeichnungen.   Blatt 1.

Heft II. Meubelzeichnungen. Blatt 2.

17 Meubelzeichnungen